4 _ COLEÇÃO POESIA CÍTRICA

São Paulo, 2023
1ª edição
ISBN 978-65-86042-90-0

mantenha fora do alcance das crianças

um livro poeticamente incorreto

MARCELO ORIANI

LARANJA ● ORIGINAL

*Se escrevi ~~esta carta~~ este livro tão ~~longa~~ curto,
foi porque não tive tempo para fazê-~~la~~ lo mais ~~curta~~ longo.*

~~BLAISE PASCAL~~
Marcelo Oriani

PREFÁCIO

A FACE-IMAGEM DE UM MICROCONTO

Ao receber o convite para prefaciar esta obra, em paralelo ao prazer da tarefa, de súbito, a inquietação da responsabilidade e uma pergunta inevitável me ocuparam o pensamento: o que dizer antes? Para responder a essa angústia, propus-me uma volta ao passado, um retorno ao ponto em que nossas trajetórias, a minha – pesquisadora de micronarrativas – e a do autor desta obra – um microcontista –, se encontraram. Nos cruzamos pela primeira vez nas esquinas de um microconto: *"Porque agora era filha de um pai morto, comemorava o dia dos pais no Dia de Finados".*

O texto publicado no *Twitter* no dia 17 de dezembro de 2017 cumpria sua função de máquina preguiçosa[1], como bem define Umberto Eco, e colocava em minhas mãos a tarefa de ligar o botão que a permite funcionar. Essa ação, a de ler microcontos, é um processo também de (cri)ação que não se faz com gentileza; exige uma leitora, um leitor, ainda mais entregue, perspicaz, farejante e com disposição. Esse foi o movimento inicial que me levou ao perfil @MarcelOriani, ao garimpo de mais micronarrativas suas e à descoberta agradável de um microcontista cativante.

É dessa maneira que desembarco como uma leitora antiga nos pequenos textos *poeticamente incorretos* dos quais estamos servidas e servidos nesta obra. Digo diminutos, não pelo valor

---

[1] Conceito formulado por Umberto Eco na obra **Os limites da Interpretação**. 2ª ed. São Paulo Perspectiva, 2004. [1990]

ou relevância, mas porque, na esteira de escritoras e escritores consagradas e consagrados que já transitaram pelo vasto campo das narrativas curtas, Marcelo Oriani segue *a lição dos mestres*[2] e nos entrega *miniaturas literárias*[3] capazes de se estenderem paradoxalmente à medida que se reduzem em tempos e espaços moventes da aventura leitora.

Nas páginas que seguem, cara leitora e caro leitor, você encontrará, além de microcontos, aforismos, anedotas e mesmo verbetes literários temperados com grande e vívida criatividade, leveza, em um pacto ficcional revestido por diversos sabores, alguns mais picantes e ardentes, outros mais doces e aveludados. A unidade conteúdo-forma, entretanto, sempre será um fio condutor das experiências de leitura que precisam ser moventes, maleáveis, perspicazes e atentas. Não há como passar impune pela leitura desses textos quando suas pontes são bem assentadas. Por eles passam a reinvenção do óbvio, a imaginação, os suaves, mas constantes intertextos, a experimentação linguística, a palavra-imagem, a dureza, o clichê e o necessário.

Marcelo Oriani se mostra em múltiplas faces-capítulos independentes, mas em nada desconectadas. A face *Data de fabricação* é uma entrega, um presente à leitora e ao leitor que chega. Um contrato. Como em uma fotografia 3x4, somos convidadas e convidados a chegar mais perto, a dar zoom em histórias que nos levam a biografias do outro que podem a qualquer momento ser nossas. Mal saímos desse passeio ficcional, a face *Reações* nos propõe a experiência da metamorfose de forma leve e doce, um pacto com a fantasia do cotidiano, com a reinvenção, com o riso que invade e mostra os dentes quanto mais nos distraímos. É curta como são curtos, breves, os sorrisos mais livres.

---

2 Conceito utilizado por Sônia BERTOCCHI no texto **Literatura de alta velocidade**, 2013.

3 Conceito utilizado por Sônia BERTOCCHI no texto **Literatura de alta velocidade**, 2013.

Na face *Composição*, nos movemos entre palavras-imagem, saltamos entre formas que se experimentam e renovam. Nas faces *Precauções, Prazo de validade e Modo de usar*, acomodamos a inquietação, sentamo-nos mais confortavelmente na poltrona, diminuímos o ritmo. E, fora da ordem, porque assim também pode ser a experiência de leitura, na face *Contraindicação*, bombas explodem a todo momento, o percurso minado é um desafio e um encanto. Ao voltarmos para nossa própria face-origem, entre *Ofélias* e tantas histórias, seguimos no incessante desejo onírico de que tudo ali se mantenha ficção. Esse desejo cresce em nós ao mesmo tempo em que seguramos na mão doce, gentil e inocente de *Hilda*: "*Foi atingida por uma bala perdida enquanto brincava de amarelinha. Morreu sem chegar ao céu*".

A você, leitora, a você, leitor, boa leitura. Recolho-me agora para que encontre sua própria face-livro inteira, essa imagem sempre incompleta e pronta para se despir.

Raphaelle Nascimento Silva

Doutora em Educação pela Faculdade de Educação da Universidade Federal da Bahia (FACED/UFBA). Mestra em Educação pela Faculdade de Educação da Universidade Federal da Bahia (FACED/UFBA). Especialista em Literaturas de Expressão em Língua Portuguesa pela Faculdade João Calvino. Graduada em Letras pela Universidade do Estado da Bahia (UNEB Campus IX). E professora efetiva de Língua Portuguesa do Instituto Federal de Educação, Ciência e Tecnologia (IFBA Campus Barreiras).

ADVERTÊNCIA:

Este produto não contém glúten.
Não foi testado em animais.
E deve ser consumido em até 48h após aberto.

SUMÁRIO

Data de Fabricação 17

Reações 43

Composição 49

Precauções 77

Contraindicação 89

Prazo de Validade 95

Modo de Usar 103

Fabricado por 111

DATA DE FABRICAÇÃO

GREGOR
Despertou de sonhos intranquilos, certa manhã, e encontrou-se transformado em algo terrível: ele mesmo.

OTACÍLIO
Colocava um pouco de si em tudo o que fazia. No jantar, foi o fígado.

LUCRÉCIA
Escreveu uma carta de amor tão longa que, assim que terminou, o destinatário já estava casado. E com filhos.

MAURO
Confundiu os gêneros. E, em vez de virar homem, virou drama.

ADÃO & EVA
Após serem expulsos do Paraíso, pegaram um metrô e desceram na Consolação.

ADÉLIA
Tirou licença poética do trabalho. Estava grávida de uma poesia.

MAÍRA
Valorizava tanto a inteligência que, em vez de silicone, botou um par de cérebro nos peitos.

CAUÊ
Bolou um plano, mas confundiu com maconha. Acabou fumando.

LÓRI
Só não sonhava muito alto para não correr o risco de cair na real.

KARINA
Se pa ra va as pa la vras só pa ra que elas sen tis sem o quan to do í a fi car so zi nha.

UBALDO
Não matava a cobra, só mostrava o pau. Era um exibicionista ecológico.

NESTOR
Pediu para a namorada ser paciente. Tinha virado médico.

ANTÔNIO & DALVA
Participaram de uma troca de casais. Gostaram tanto que não aceitaram a devolução.

VANDA
Quebrou o tabu, mas colou antes que os conservadores percebessem.

ESTEVÃO
Mandou a esposa para o inferno. E, agora, às vésperas da morte, temia o reencontro.

BÁRBARA
Era uma crítica construtiva. Primeiro fazia a crítica, depois construía a cova.

CAIO
Caiu do berço, caiu da cadeira, caiu na vida, caiu de cama, caiu duro, mas não caiu em si.

AURORA
Não acordou depois do beijo do príncipe. Foi quando descobriram que não era princesa, era sapa.

LURDES
Comeu reticências na sopa de letrinhas. Ficou com uma fome infinita.

PILAR
Tomou um banho de loja e voltou molhada para casa. Tinha esquecido de comprar uma toalha.

DENISE
Foi barrada na entrada de uma festa à fantasia. Era realista demais.

CELSO
Tentou se amar, mas não foi correspondido. Não fazia seu tipo.

PEDRO
Foi enquadrado pelos avós. Ficou preso para sempre num porta-retrato.

BENÍCIO & ALZIRA
Foram felizes para sempre. Até o dia em que se conheceram.

HAROLDO
Descobriu que não bastava ser poeta para fazer poesia concreta de qualidade. Acabou virando pedreiro.

CLEIDE
Se deu ao respeito, depois se pediu de volta. Tinha dupla personalidade.

TARSO
Tinha gota no joelho. Andava pingando dor.

MABEL
Era muito linda! Só não sabia disso porque era muito burra também.

VANUSA
Não sabia ir à merda por conta própria. Dependia sempre do auxílio do GPS.

ADALBERTO
Gritou que o rei estava nu. Como era numa praia de nudismo, ninguém ligou.

ZYGMUNT
Só tinha relacionamentos líquidos. Teve que aprender a nadar.

VANESSA
Tomou um chá de cadeira do médico e, depois, levou um bolo do cliente. Naquele dia, nem precisou jantar.

EMANUEL
Perdeu a inocência assim que descobriu que a heroína, em vez de salvar, mata.

ZION
Andava nas nuvens. Vivia tropeçando em gotas de chuva que ainda não tinham caído.

EUCLIDES
Era tão egoísta que sua fantasia sexual era transar vestido de si mesmo.

MANOEL
Decidiu ir embora para Pasárgada. Quando viu que a passagem tinha aumentado, preferiu ficar e escrever um poema.

ELISEU & GUSTAVO
Tinham tudo para dar certo. Pena que não davam, só comiam.

ROSA (PARTE I)
Era uma flor de pessoa. Uma mistura de maria-sem-vergonha com trepadeira.

GASPARZINHO
Levou um susto e viveu.

WILSON
Comeu um sonho estragado. O estômago virou um pesadelo.

DANDARA
Decidiu contar carneirinhos para ver se pegava no sono. Descobriu que, além de insone, era alérgica à lã.

AGNES & EFRAIM
Amavam-se entre vírgulas. Estavam protegidos do ponto-final.

TELMA
Parou de sair por aí coberta de razão. Acabou sendo presa por atentado ao pudor.

RAVI
Chegou em casa, abriu a rede e descansou. *Online*.

AMARILDO
Nunca teve problema em ser surdo, até o dia em que foi trabalhar numa empresa de *telemarketing*.

JUSSARA
Foi para um encontro às escuras, mas levou uma lanterna na bolsa.

FERNANDA
Atuava tão bem que, quando a morte veio buscá-la, fingiu-se de morta. Continua viva até hoje.

ABÍLIO
Estava tão cheio de si que foi fazer acupuntura para se esvaziar.

RODRIGO
Sentou na beira do lago, arremessou a vara e ficou esperando a lua morder a isca.

GLÓRIA
Acordou na lua de mel, de sonhos intranquilos, metamorfoseada em esposa.

LÁZARO
Decidiu se matar tomando uma caixa de remédio. Em vez de morto, acordou curado.

MIRELA
Alongou tanto seu sofrimento que ele acabou se transformando num ginasta olímpico.

GAEL
Era vegetariano. Não por amor aos animais, mas por ódio às plantas.

HELENA & RAONI
Amavam-se brigando. Ele vivia metendo o pau nela. Ela vivia metendo a boca nele.

GABRIELA
Pediu para o cabeleireiro cortar cinco dedos. Voltou do salão sem a mão esquerda.

SIGMUND
Encontrou a solução perfeita para seu problema: jogou fora o R, o B, o L e transformou-o num poema.

SÔNIA
Deu tanto tempo ao tempo que seu relógio passou a ter 96 horas.

IVANA
Regou a planta do apartamento para ver se os cômodos cresciam mais um pouquinho.

JAIR
Era um zero à esquerda, mesmo sendo de direita.

AKIRA
, naõ conseguia... escrever? direito. n~ao; tinha! domesticado: a pontuãçao.

MACUNAÍMA
Estava decidido a trabalhar. Assim que descobriu que procrastinação não era uma profissão, desistiu.

CLEMENTINE
Tinha duas caras. Nenhuma era bonita.

PENÉLOPE
Tomou um rivotril e foi esperar Ulisses voltar na cama, tecendo sonhos.

APARÍCIO
Tinha tanto fetiche por pés que, quando levou um pé na bunda, gozou.

PLÍNIO & GISELA
Não faziam o tipo um do outro. Só não enxergavam isso porque o amor era cego.

ZOÉ
Travou uma guerra contra o espelho. Perdeu para si mesma.

GEÓRGIA
Era tão vitimista que, quando ia brincar de polícia e ladrão, era sempre a assaltada.

MATIAS
Teve sua vida virada de cabeça para baixo. Chapéu, para ele, agora era sapato.

DIRCE
Esperava ansiosamente pela criação do décimo terceiro signo do zodíaco para namorar. Com os outros doze, não tinha dado certo.

IOLANDA
Era 8 ou 80. Depois que quebrou a cara, virou 4 ou 40.

ARLETE
Decidiu lutar contra a depressão e, em vez de tomar tarja-preta, virou faixa-preta.

CÁSSIA
Se acostumou tanto com o home office que começou a ir para o trabalho de pijama.

JÚLIA
Desculpava, como boa cristã que era, tudo aquilo que Deus-culpava.

ELOÁ
Errou todas as questões do teste vocacional. E, sem querer, descobriu que tinha vocação para o erro.

LEANDRO
Confundiu declaração de amor com declaração de imposto de renda. Sonegou o coração ao namorado e disse "eu te amo" para o governo.

NINA
Deu bola para o vizinho sem saber se ele gostava de futebol. Marcou um gol.

JESUS
Multiplicou os pães. Depois, lembrou que não tinha levado manteiga suficiente.

DONATELLA
Passou horas escolhendo o *look* perfeito. Assim que botou os pés para fora, descobriu que a moda agora era ficar em casa.

ERASMO
Aprendeu tanto com seus erros que deixou de ser aprendiz. Virou mestre na arte de errar.

INÊS
Só se apaixonava por homens malas. Tinha um bagageiro no lugar do coração.

FRANCISCO
Só descobriu que viveu pouco quando viu que sua vida cabia inteira numa frase de 140 caracteres.

CURUPIRA
Nunca conseguia seguir em frente.

ANDRÉ
Acabou levando um fora na viagem. Teve que pagar pelo excesso de bagagem.

SHAKESPEARE
Abriu o Word e disparou uma arma, mas salvou a frase antes que a bala atingisse a personagem.

MARISTELA
Serviu um café para o Sono. Ele tinha chegado antes do horário combinado.

IVONE
Sabendo que dinheiro não comprava felicidade, foi lá e contratou um dublê para sofrer no seu lugar.

DANIELA
Tomou uma pílula do dia seguinte e foi dormir. Acordou no dia depois de amanhã.

FAGNER
Era tão educado que, quando encontrou a esposa na cama com outro, pediu desculpas em vez de brigar.

BERNARDO
Entrou na dieta do riso. Só comia risoto e rissoles.

SOFIA & EDMUNDO
Separaram-se em comunhão de bens. Ele ficou com a TV e ela com o controle remoto. Sem pilha.

LILIAN
Vivia a vida como se fosse uma fita métrica. Tinha 73 cm de idade.

BETO
Queria ser o Kurt Cobain quando crescesse. Não porque queria cantar, mas porque queria morrer aos 27.

MAX
Combinou de sair com a namorada e ficou o passeio inteiro querendo entrar. Nela.

TEREZA
Dormiu no ponto. Acordou fora da página.

CARLA
Gostou tanto de se colocar no lugar dos outros que nunca mais voltou para o seu.

NORBERTO
Vivia nas alturas. Acabou virando nuvem.

TÂNIA & MAURO
Combinaram um encontro só para descobrir que não combinavam em nada.

DÊNIS
Amarrou uma entrelinha na palavra e empinou como se fosse pipa.

HERMES
Consultou cinco médicos e fez seis exames para descobrir que seu único mal era uma imaginação muito fértil.

DOUGLAS
Fraturou o tédio quando caiu na rotina. Nunca mais calcificou.

ROSA (PARTE II)
Teria espinhos, caso fosse flor. Como não era, tinha espinhas.

EMÍLIO
Tinha matado a aula de matemática. E, ao confessar o crime, matou a língua portuguesa também.

ANDRESSA
Pecou o quanto pôde. Depois, fez um transplante de rosto para enganar Deus.

NILZA
Se conten com mei palavr. Nunc conseg diz uma fras inteir.

LAURA & DUDA
Se apaixonaram mesmo sabendo que os santos não batiam. Passaram o relacionamento inteiro evitando que os santos se encontrassem.

TADEU
Se fodeu tanto que acabou ficando grávido de si.

MARIA
Abriu uma conta no Instagram. Agora são as outras que a seguem.

VAN GOGH
Nunca mais deu ouvidos para o que diziam a seu respeito.

MELINA
Perdeu o fio da meada e ficou presa para sempre no meio da história.

ZAQUEU
Mantinha o choro preso. Era sequestrador.

ANANIAS
Matriculou-se num curso de malabarismo. Se a vida lhe desse limões, saberia exatamente o que fazer.

ZAYA
Sonhou que estava no mar. Acordou boiando na cama.

ADEMIR
Inventou um amigo imaginário. Não era doido para ficar falando sozinho.

JONAS & BEATRIZ
Casaram-se na pista de dança. Separaram-se, no cartório, com os dois dançando no final.

SAMUEL
Não batia muito bem. Tinha sempre que contar com a ajuda de uma mão amiga.

ÚRSULA
Era uma pessoa tão reticente que ...., ..., ..., ...: nunca chegou a conclusão nenhuma.

STANISLAVSKI
Comprou cimento, tijolo e pá. Estava pronto para construir sua personagem.

GUILHERME
Emagreceu tanto correndo atrás do prejuízo que nem precisou se matricular na academia.

MIRTES
Podia botar tudo em pratos limpos, mas preferiu encerrar a discussão quebrando a louça toda.

ARLINDO
Mandou Deus para a puta que pariu, mas teve que pagar o frete.

ANGELA & EDVALDO
Enganaram-se mutuamente; ele porque vendeu gato por lebre, ela porque pagou com dinheiro falso.

TALES
Era tão incoerente que concordou com esta afirmação discordando.

EMILENE
Deu um chá de xana para o namorado, mas esqueceu de botar açúcar.

TÚLIO
Não declarava o voto. Tinha dificuldade de se expressar.

NARCISO
Não corria mais o risco de morrer afogado para se admirar. Matriculou-se na natação.

LÚCIA
Acordou assustada de um sonho erótico. Não lembrava se tinha usado camisinha.

RUDNEI
Confundiu o micro-ondas com a máquina de lavar. Acabou almoçando uma camiseta mal passada.

OZIAS
Mudou de estado sem fazer as malas. Foi de São Paulo direto para o coma.

LEONEL
Era tão tecnológico que não se distraía, se desligava.

ISABELA
Errou o português e, de uma hora para outra, a Ázia inteira foi parar dentro do seu estômago.

ALFREDO
Virou ateu. Não acreditava mais em adeus.

HANNA
Levou um amasso do namorado, depois levou um ferro do chefe. Ficou passada!

DALVA
Gostava de deixar livres as pessoas que amava. Se não iam embora, é porque não tinham lugar melhor para ir.

ALOÍSIO
Soltou a franga, mas cortou as asas antes.

THAÍS
Usava a roupa para se expressar. Quando vestia saia, não sobrava ninguém por perto.

LUANA
Rasgou o verbo. Depois, emendou um pedido de desculpas que não colou.

WASHINGTON
Venderia a própria mãe, se pudesse, para comprar um carro. Como era órfão, vendeu a dos outros.

ALCEU & LIZA
Começaram a noite num 69. Terminaram num 96.

DEREK
Desistiu de ser mente aberta. Estava cansado de torcer seus pensamentos sempre que chovia.

MARLA
Leu o futuro nas cartas, mas guardou segredo. O cliente detestava *spoilers*.

EDIR
Guardava sua moral num pote de conserva. Era conservador.

LEONORA
Disse ao padre, no leito de morte, que queria ir para o inferno. Tinha se arrependido de todos os pecados que não tinha cometido.

BINO
Só tinha mais três meses de vida. Passou a viver roubando o tempo dos outros.

ALÍPIO
Tinha mania de transar virtualmente sem camisinha, até que, um dia, seu computador acabou pegando HIV.

CIDA
Nunca teria descoberto suas asas se não tivesse caído em si.

DUÍLIO
Era tão indeciso que, ao pedir um café, levou mais de 20 minutos só para escolher com ou sem cafeína. Acabou pedindo um chá.

MARCOS
Disparou um elogio à queima-roupa. Matou a namorada de carinho.

CELESTE
Sempre que saía de si, levava uma chave reserva na bolsa. Só para não correr o risco de ficar trancada para fora.

TAMARA
Só não se matava por medo de reencarnar nela mesma como castigo.

LÚCIFER
Não queimou no inverno depois que morreu, passou frio. Graças ao descuido da revisora!

LOLA
Cagava regra e não dava descarga. Além de chata, era porca.

DALILA
Comprou um peixinho dourado. Só descobriu que era de latão quando enferrujou.

ROSANA
Estava tão cansada de pedir um marido para Santo Antônio que acabou casando-se com o santo.

VINCENZO
Emudeceu completamente depois que perdeu as mãos. Era italiano.

LUCÉLIA
Amava tanto vegetais que terminou a vida em estado vegetativo.

ALÍCIO
Quebrou a confiança da namorada, mas disse que ia pagar o conserto. Ela não acreditou.

MERCEDES
Não era novela nem mexicana, mas fazia drama como se fosse.

VALTER
Vivia chegando adiantado no trabalho. No dia em que acordou atrasado, chegou no horário.

BILL
Só não cortava para os dois lados porque sua lâmina era cega.

ZILDA
Cometia o pecado da gula. Depois, se ajoelhava e forçava o perdão. Só, então, dava descarga.

FÁTIMA
Passou corretivo nos olhos e, sem querer, acabou apagando seu ponto de vista.

VIRGÍNIA & PATRICK
Foram viajar depois que terminaram. Ela foi para a puta que pariu. E ele para o raio que o parta.

ROSA (PARTE III)
Estava sempre à flor da pele. Quando morria de sede, murchava.

CACILDA
Vivia fazendo alguma coisa diferente para sair da rotina. Nunca percebeu que sair da rotina tinha virado sua rotina.

MARINA
Acordava sempre com o pé direito. Tinha perdido o esquerdo num acidente.

OSCAR
Teve que derrubar a sua árvore genealógica para conseguir escrever o livro da sua vida.

MADALENA
Trabalhava deitada. Nos dias de folga, descansava em pé.

JEFF
Engordou tanto comendo homens que passou a comer só mulheres. Era canibal.

VLADIMIR
Abandonou o teatro. Era impaciente demais para ficar esperando Godot a vida inteira.

CÍNTIA
Pediu uma prova de amor ao namorado. Só não suspeita que ele passou colando.

ANA JÚLIA
Só se descobriu música quando se tocou pela primeira vez.

ENZO & LIA
Brincaram de papai e mamãe. Nove meses depois, o bebê brincava de filhinho.

MELISSA
Chorou na balança para saber o quanto pesava a sua tristeza.

JACINTO
Morava numa cidade tão violenta que saía de casa só com a cara e a coragem. Um dia, voltou só com a cara.

ELTON
Era um banana que só dizia abobrinha e levava nabo. Acabou na panela.

SORAIA
Finalmente havia conseguido um lugar ao sol. O único problema é que ele já estava se pondo.

JANDIRA
Leu mais de 30 kg de livros durante a vida inteira. Não ficou nem 100 g mais inteligente.

MARCELO
Passou cinco anos sofrendo por um amor que não durou nem três meses.

DANTE
Decidiu comprar um livro de autoajuda para se sentir motivado. Descobriu que estava esgotado. Ficou mais desmotivado ainda!

LINDA
Não tinha uma beleza à prova de decepção. Saía sempre que chorava.

JOAQUIM
Sempre que discordava de alguma coisa, cometia algum erro de concordância.

HUGO
Roubou um coração. Quando viu que estava vazio, se arrependeu de não ter roubado a bolsa também.

ELIZABETH
Carregava um rei na barriga. Foi ao banheiro e abortou.

RAUL
Tinha acabado de botar os pingos nos is, mas fazia tanto calor que eles acabaram evaporando.

WAGNER
Era tão capitalista que, quando brincava de casinha, sempre era o cobrador do aluguel.

ELAINE
Pediu para o marido mudar. Ele continuou o mesmo, só que ao lado de outra.

FEDERICO
Só encontrou a poesia das coisas quando parou de olhar a frente e passou a olhar o verso delas.

SEBASTIÃO
Era tão impaciente no trânsito que acabou virando paciente no hospital.

BEATRIZ
Sempre tinha que pedir a mão dos outros quando queria se coçar. Havia dado a sua em casamento.

JAMILE
Só namorava à distância. Não era bonita de perto.

REINALDO
Voltou a viver dentro do armário só para não ter que pagar IPTU.

OFÉLIA
Foi ao psiquiatra vestida de noiva. Estava disposta a se casar com a sua loucura.

KLEBER
Botou a relação na balança e constatou o que já vinha suspeitando. O amor estava desnutrido.

LENILSON
Era tão azarado que, quando ganhou na loteria, perdeu o bilhete premiado.

MARIANA & RENATO
Trocaram telefones. Sempre que queria falar com ele, tinha que ligar para si mesma.

BRUNA
Primeiro, ficava molhadinha. Depois, saía passando o rodo por aí.

DINÁ
Previu o futuro do cliente. Só não previu que ele não tinha dinheiro para pagar a consulta.

MAC
Aceitou tantos *cookies* na internet que acabou engordando 560 megabytes.

ÍCARO
Decorou tudo o que tinha para dizer, mas, na hora de falar, esqueceu. Amou de improviso.

REX
Cavou um buraco tão fundo na terra que acabou caindo fora do mundo. Virou estrela.

SILVANA
Entendeu errado o conselho e, em vez de transar com segurança, acabou transando com o segurança.

LAERTE
Escrevia *e-books* para dizer o quanto detestava a tecnologia.

HERON
Se achava o fodão. Não passava de um fodido.

ALEX
Vivia dizendo que sua vida era um livro aberto. O problema é que seus amigos eram todos analfabetos.

MAURÍCIO
Esqueceu o guarda-chuva. Teve que esperar a chuva passar dentro da sua sombra.

CATARINA
Pediu para o Santo Antônio lhe dar um marido. Depois, pediu para a mãe de santo levá-lo embora.

GIOVANA
Nunca mais perdeu a fé. Prendeu a ave-maria numa gaiola.

CÍCERO
Instalou um para-raio na cabeça antes de fazer um *brainstorming*. Só por precaução.

MARGARETE
Só transava de luz acesa. Tinha se apaixonado pela sombra do marido.

PACO
Era tão banana, mas tão banana que, em vez de tirar a roupa, tirava a casca.

GIOCONDA
Descobriu que teria que subir de escada para o céu. Voltou a viver na hora!

EDNA
Entrou no Tinder para se sentir menos sozinha. Acabou dando *match* com a própria solidão.

DENILSON
Só esfriou a cabeça depois que fritou os neurônios.

VERÔNICA
Seguia a Bíblia tão à risca que, para não correr o risco de não amar o próximo, evitava ficar próxima dos feios.

DULCINA
Tinha tanta sede de vingança que acabou engolindo a raiva de uma vez só.

GERUSA
Queria tanto se encontrar que marcou um encontro consigo mesma, mas acabou se perdendo pelo caminho.

ADOLFO
Detestava a risada da mulher. Passou o casamento inteiro tendo que fazê-la infeliz.

FLÁVIO
Sabia que a luxúria era um pecado capital. Por isso só transava no interior.

ZULMIRA
Botou seu futuro na mala e _____.
(O desfecho dessa história fica por sua conta e risco. Independe da personagem. Agora eu transfiro a responsabilidade para você).

REAÇÕES

O número **6** é um **9** plantando bananeira.

(((

A letra **R** é um **P** superdotado.

)))

O sinal de **;** é um **:** chorando.

(((

O número **33** é um casal de **3** dormindo de conchinha.

)))

A letra **W** são dois **V**s de mãos dadas.

(((

A letra **Q** é um **O** de mullet.

)))

O sinal de **...** é um **.** com soluço.

(((

A letra **F** é um **E** descalço.

)))

A letra **H** são dois **I**s apertando as mãos.

(((

O sinal de **%** são dois **O**s brincando de gangorra.

)))

A letra **C** é um **(** com cifose.

(((

O sinal de **$** é um **S** de muleta.

)))

A letra **K** é um **I** com um par de asas nas costas.

(((

O sinal de **−** é um **~** de chapinha.

)))

O número **8** é um casal de **3** se beijando.

(((

O sinal de **!** é uma **?** fazendo alongamento.

)))

A letra **Y** é um **V** de salto alto.

(((

O sinal de **º** é um **O** que tomou Red Bull.

)))

O número **11** é um **1** e sua sombra.

(((

A letra **Ç** é um **C** com cílios postiços.

)))

A letra **D** é um **I** com sobrepeso.

(((

O número **0** é um casal de **( )** se abraçando.

)))

A letra **M** é um **V** com perna de pau.

(((

O sinal de **,** é um **.** derretendo de calor.

)))

A letra **N** é um casal de **1** fazendo **69**.

(((

A letra **U** é um **J** refletido no espelho.

)))

A letra **B** é um **P** grávido.

(((

O sinal de **"** é um casal de **,** pulando de paraquedas.

)))

A letra **T** é um **i** pregado na cruz.

(((

A letra **X** são duas **** lutando esgrima.

)))

O sinal de **&** é um **8** fazendo yoga.

(((

A letra **U** é um **O** sem chapéu.

)))

O sinal de **<** é um **V** dormindo.

COMPOSIÇÃO

A

ABRAÇO. S.M.
o nó voluntário do corpo.

ACASO. ADV.
encontro de pessoas feitas para não se encontrarem.

ADULTO. S.M.
indivíduo que olha um pote de sorvete e vê um pote de feijão.

AFETO. S.M.
carinho feito sem as mãos.

ALZHEIMER. S.M.
a borracha da memória.

AMEAÇA. S.F.
uma promessa com raiva.

AMIZADE. S.F.
amor com prazo de validade indeterminado.

AMOR. S.M.
um *pit bull* adestrado.

ANSIOSO. ADJ.
indivíduo que fuma um cigarro antes de acender.

APOSENTADORIA. S.F.
ócio remunerado.

AQUÁRIO. S.M.
a vitrine do mar.

ARREPENDIMENTO. S.M.
a marcha a ré da culpa.

ASSINATURA. S.F.
a *selfie* do nome.

AZAR. S.M.
o inferno astral da sorte.

B

BAJULAÇÃO. S.F.
puxa-saquismo via oral.

BALANÇO. S.M.
uma cadeira com asas.

BANHEIRA. S.F.
uma piscina recém-nascida.

BARATO. ADJ.
uma coisa que é barata só no nome.

BARRIGA. S.F.
órgão responsável por empurrar problemas.

BEBÊ. S.F.M.
máquina de produzir choro e cocô.

BEBER. V.T.
VER FUMAR.

BEIJO. S.M.
o sexo das línguas.

BEM-TE-OUVI. S.M.
um bem-te-vi cego.

BIGODE. S.M.
a sobrancelha da boca.

BIZARRO. ADJ.
um elefante dançando *ballet*.

BOLETO. S.M.
o bicho-papão dos adultos.

BOLSA. S.F.
a casa portátil da mulher.

BORBOLETRA. S.F.
borboleta feita de palavra.

BRIGADEIRO. S.M.
uma discussão açucarada.

BRISA. S.F.
a roupa de passeio do mar.

BROCHA. ADJ.
indivíduo com depressão no pau.

BUZINA. S.F.
o "vai tomar no cu" do carro.

C

CABELO. S.M.
a casa do piolho.

CACHOEIRA. S.F.
um rio em pé.

CAIXÃO. S.M.
o pijama da morte.

CALCINHA. S.F.
gaiola de periquita.

CALOR. S.M.
a menopausa da Mãe Natureza.

CAMA. S.F.
máquina de fazer sonhos.

CARDIOGRAMA. S.M.
declaração de próprio punho do coração.

CARECA. ADJ.
indivíduo com cabelos invisíveis.

CARICATURA. S.F.
um retrato mal-falado.

CARRO. S.M.
arma utilizada para matar distâncias.

CASAMENTO. S.M.
instituição que produz divórcios em série.

CASPA. S.F.
neve humana.

CEGO. S.M.
indivíduo que, no lugar do ponto de vista, tem um ponto-final.

CÉU. S.M.
um elevador sem o botão térreo.

***CHAT*. INGL. S.M.**
bate-papo de chatos.

CICATRIZ. S.F.
a mordida do tempo.

CÍLIOS. S.M.
as asas dos olhos.

CLIPE. S.M.
música para surdo.

CÓCEGAS. S.F.
tortura disfarçada de carinho.

COMIDA. S.F.
o veneno da fome.

CONCHA. S.F.
mensagem de áudio do mar.

CONSELHO. S.M.
a pós-graduação do erro.

CONTRADITÓRIO. ADJ.
um homofóbico que possui a sombra gay.

CORAÇÃO. S.M.
o órgão sexual do amor.

CORPO. S.M.
o meio de transporte da alma.

CORRETOR AUTOMÁTICO. S.M.
cirurgião plástico de palavras.

COVINHA. S.F.
o parênteses do sorriso.

CRESCER. V.T.
ação de engolir sapos em vez de beijá-los.

CRIANÇA. S.F.
indivíduo cuja idade cabe toda nos dedos das mãos.

CU. S.M.
em sueco, é o lugar para onde muitos são mandados, mas para o qual poucos vão.

D

DANÇA. S.F.
música que se ouve com o corpo.

DÉJÀ-VU. **FR. S.M.**
passado com indigestão.

DELÍRIO. S.M.
uma flor com alucinação.

DE NOVO. ADV.
um novo que envelheceu.

DESAFETO. S.M.
um afeto abortado.

DESENCARNAR. V.T.
ação de mudar de tempo verbal.

DESGRAÇA. S.F.
uma graça que acabou em choro.

DESPEDIDA. S.F.
um "tchau" que não comprou passagem de volta.

DESPERTADOR. S.M.
ladrão de sono.

DESTEMPERANÇA. S.F.
um problema que não se resolve com sal.

DEUS. S.M.
o primeiro de abril do ateu.

DEZAMOR. S.M.
a decepção de dez amores em um só.

DILEMA. S.M.
dois lemas que não resolvem um problema.

DISTRAÇÃO. S.F.
ação de tirar férias de si mesmo.

DIVÓRCIO. S.M.
a separação de dois sins.

DORMIR. V.I.
verbo que se conjuga de olhos fechados.

DR. S.F.
a antessala da separação.

E

***E-BOOK*. INGL. S.M.**
serial killer de traças.

ECO. S.M.
o espelho da voz.

ELOGIO. S.M.
o viagra do ego.

EMPOLGAÇÃO. S.F.
o ponto de exclamação da alegria.

ESCULTURA. S.F.
poesia em 3D.

ESCURO. ADJ.
o pretinho básico da luz.

ESPELHO. S.M.
lugar onde *God* vira *doG*.

ESPÍRITO. S.M.
um fantasma com insônia.

ESQUECIMENTO. S.M.
em grego, é quando as lembranças brincam de esconde-esconde com a memória.

ESQUINA. S.F.
o beijo entre duas ruas.

ESTAGIÁRIO. S.M.
escravo assalariado.

ESTÁTUA. S.F.
privada de pombos.

ESTRELA. S.F.
o olho mágico de Deus.

ET. S.M.
forma de vida que, se for mesmo inteligente, não pisa na Terra.

ETERNIDADE. S.F.
a placa "pare" do tempo.

EU. P.P.
o centro do universo do egoísta.

EU TE ADORO. EXP.
a adolescência do "eu te amo".

EXCITAÇÃO. S.F.
uma frase que cresceu tanto que acabou virando um texto.

F

FALTA. S.F.
a lista de presença da ausência.

FAMOSO. ADJ.
indivíduo que você conhece antes de ele te conhecer.

FELICIDADE. S.F.
a fantasia de carnaval da tristeza.

FERIADO. S.M.
a versão beta do domingo.

FESTA. S.F.
solidão no modo avião.

FICAR. V.T.
aquilo que as pessoas menos fazem quando se beijam.

FICÇÃO. S.F.
uniforme de trabalho da mentira.

FLOR. S.F.
uma borboleta com raiz.

FODER. V.T.
o verbo amar sem roupa.

FOFOCA. S.F.
um segredo em liberdade condicional.

FOGOS DE ARTIFÍCIO. S.M.
pólvora pacífica.

FOTOGRAFIA. S.F.
a legenda da palavra.

FUMAR. V.T.
forma socialmente aceita de suicídio.

FUTURO. S.M.
um útero cheio de agoras.

G

GAFE. S.F.
uma vergonha que ascendeu socialmente.

GALINHA. S.F.
o futuro do ovo.

GATO. S.M.
um silêncio vivo que bebe leite.

GAY. INGL. ADJ. S.M.
heterossexual dentro do armário.

GELADEIRA. S.F.
o guarda-roupas do estômago.

GOTEIRA. S.F.
água saltando de *bungee jump*.

GRADE. S.F.
a linha tênue entre dentro e fora.

GUARDA-CHUVA. S.M.
uma sombrinha de luto.

H

HEMATOMA. S.M.
a cor da dor.

HIPOCONDRÍACO. ADJ.
indivíduo doente da imaginação.

HIPPIE. **INGL. ADJ.**
um mendigo de classe média.

HORIZONTE. S.M.
lugar em que o céu e o mar se beijam.

HUMOR ÁCIDO. EXP.
a droga favorita da ironia.

HUMORISTA. ADJ. S.F.M.
indivíduo que demitiu a seriedade por justa causa.

I

IDADE. S.F.
unidade de medida do tempo.

IGNORÂNCIA. S.F.
uma burrice analfabeta.

ILUSÃO. S.F.
o Photoshop da realidade.

INFARTO. S.M.
em tailandês, é quando a pilha do coração acaba.

INFINITO. S.M.
um número que ninguém sabe contar.

ÍRIS. S.F.
ilha do globo ocular cercada de lágrima por todos os lados.

IRONIA. S.F.
o humor de mau-humor.

J

JÁ. ADV.
um depois com ansiedade.

JANELA. S.F.
revista de fofoca dos vizinhos.

JOANINHA. S.F.
um inseto com sardas.

JUSTIÇA. S.F.
cega que precisa de um par de olhos novos.

L

LÁ. ADV.
lugar onde a vista não alcança.

LAGOA. S.F.
o espelho do céu.

LEMBRANÇA. S.F.
o passado embrulhado com papel-presente.

LIVRO. S.M.
Kindle de papel.

LUA. S.F.
sol de pijama.

M

MAMILO. S.M.
o ponto-final do peito.

MÃO. S.F.
a boca do mudo.

MAQUIAGEM. S.F.
a metamorfose dos humanos.

MAR. S.M.
coletivo de ondas.

MAS. C.C.
subtração de mais.

MEDITAÇÃO. S.F.
em sânscrito, é quando a cabeça faz jejum de pensamento.

MEIA-CALÇA. S.F.
um par de meias siamesas.

MELANCÓLICA. ADJ.
uma pessoa com a veia cômica obstruída.

MEMÓRIA. S.F.
o quarto de hóspedes do passado.

MILHO. S.M.
o feto da pipoca.

MIOJO. S.M.
a ejaculação precoce do macarrão.

MISOGINIA. S.F.
substantivo feminino que odeia a mulher que é.

MORTE. S.F.
o divórcio do corpo com a alma.

MÚSICA. S.F.
uma *madeleine* sonora.

N

NÃO. ADV.
uma palavra que queria ser sim.

NAMORO. S.M.
um primeiro encontro que não acabou.

NASCIMENTO. S.M.
um app que não vem com desinstalador.

NATAL. S.M.
o holocausto dos perus.

NEUTRO. ADJ. S.M.
indivíduo cujos sentimentos estão todos *offline*.

NINGUÉM. P.I.
alguém sem importância nenhuma.

NÓS. P.P.
dois eus embaraçados.

NOSTALGIA. S.F.
o espelho retrovisor do tempo.

NUDE. S.M.
spoiler do sexo.

NUVEM. S.F.
trampolim de chuva.

O

ÓBITO. S.M.
a certidão de nascimento da morte.

ÓCULOS. S.M.
a moldura da vista.

ÓDIO. S.M.
a ração da raiva.

OFURÔ. S.M.
sopa de gente.

ORAÇÃO. S.F.
o telefone de Deus.

OUTONO. S.M.
o *strip-tease* das árvores.

OVELHA. S.F.
nuvem com patas.

P

PACIÊNCIA. S.F.
uma pressa de bengala.

PAIXÃO. S.F.
o alvará da loucura.

PALAVRA. S.F.
letras de mãos dadas.

PAPEL. S.M.
o túmulo da árvore.

PARTIR. V.T.
verbo que se conjuga com os pés.

PASSADO. S.M.
a velhice do futuro.

PAU. S.M.
a greve do computador.

PELE. S.F.
a roupa do osso.

PERNILONGO. S.M.
um vampiro fantasiado de inseto.

PIPOCA. S.F.
milho vestido de noiva.

PLÁGIO. S.M.
um elogio não declarado.

PLAYBOY. INGL. S.F.
livro de autoajuda masculina mais eficiente que existe.

POÇA. S.F.
um poço sem profundidade.

POESIA. S.F.
o traje de gala das palavras.

POETA. S.F.M.
indivíduo que olha uma pedra e vê um poema.

POMBO. S.M.
um rato que tomou Red Bull.

POUCO. ADV. S.M.
uma vontade que cabe em palavras.

PREMONIÇÃO. S.F.
um livro lido de trás para frente.

PUNHETA. S.F.
o monólogo do sexo.

PUTA. S.F.
a mãe dos políticos.

Q

QUANDO. ADV.
o apelido do tempo.

QUARTA-FEIRA. S.F.
o cu da semana.

QUEIJO. S.M.
leite com prazo de validade vencido.

QUERER. V.T.
uma vontade aprendendo a falar.

QUÍMICA. S.F.
ingrediente que, quando falta, não dá liga entre as pessoas.

QUOTIDIANO. S.M.
VER ROTINA.

R

RABO. S.M.
o sorriso do cachorro.

***RAY-BAN*. S.M.**
para-raio de sol.

REALIDADE. S.F.
a folga do sonho.

RECONCILIAÇÃO. S.F.
remake de um filme que você já sabe o final.

REFLEXO. S.M.
o pensamento do espelho.

RELIGIÃO. S.F.
o uniforme oficial da maldade.

RETIRO ESPIRITUAL. EXP.
em bengalês, é quando a alma viaja e o corpo faz a festa.

RETROCESSO. S.M.
uma borboleta que vira lagarta.

REVISOR. S.M.
assassino de erratas.

REVÓLVER. S.M.
transporte por meio do qual a pessoa vai para a cadeia ou para o céu.

RODOVIÁRIA. S.F.
a maternidade das despedidas.

ROTINA. S.F.
a reprise do amanhã.

RUGA. S.F.
tempo passado amassado.

S

SAUDADE. S.F.
uma coceira na memória.

SEBO. S.M.
o asilo dos livros.

***SELFIE*. INGL. S.F.**
carência em forma de *pixels*.

SÊMEN. S.M.
indivíduo em estado líquido.

SINCERIDADE. S.F.
a praia de nudismo da mentira.

SINTONIA. S.F.
em persa, é quando dois relógios biológicos marcam a mesma hora.

SIRIRICA. S.F.
leitura labial em braile.

SOBRANCELHA. S.F.
o guarda-chuva do rosto.

SOLIDÃO. S.F.
o aumentativo de sozinho.

SOLUÇÃO. S.F.
pente de desembaraçar problemas.

SOLUÇO. S.M.
a vírgula da respiração.

SOMBRA. S.F.
o fantasma do corpo.

SONECA. S.F.
o ensaio do sonho.

SONO. S.M.
o beijo dos cílios.

***SPAM*. INGL. S.M.**
testemunha de Jeová virtual.

SUICIDA. ADJ.
indivíduo que é assassino e assassinado ao mesmo tempo.

SUICÍDIO. S.M.
a tecla delete da vida.

SUSPENSÓRIO. S.M.
sutiã masculino.

T

TAQUICARDIA. S.F.
o coração pulando corda.

TARTARUGA. S.F.
pedra que anda.

TCHAU. S.M.
VER DESPEDIDA.

TECNORGIA. S.F.
suruba de *bytes*.

TELHADO. S.M.
o chapéu da casa.

TEMPO. S.M.
médico que não cobra pela cura.

TRABALHO. S.M.
conversor de tempo em dinheiro.

TRANSPIRAÇÃO. S.F.
uma loucura que mudou de gênero.

TRAUMA. S.M.
a sinopse do passado.

TROPEÇO. S.M.
o soluço dos pés.

TWITTER. INGL. S.M.
a palestra dos lacônicos.

U

UI. EXP.
um "ai" afeminado.

UIVO. S.M.
choro de uma nota só.

ÚLTIMO. S.M.
item ou pessoa em extinção.

UMBIGO. S.M.
a boca do feto.

UNANIMIDADE. S.F.
em bengalês, é quando gregos e troianos se entendem.

ÚNICO. ADJ. S.M.
indivíduo que ninguém descobriu como se copia.

UNICÓRNIO. S.M.
um cavalo corno.

UNIVERSO. S.M.
tudo que existe dentro de um verso só.

URGENTE. ADJ.
uma pressa com vontade de fazer xixi.

URUCUBACA. S.F.
em sueco, é quando Deus levanta da cama com o pé esquerdo.

USUFRUTO. S.M.
direito de gozar com o pau alheio.

USURPAR. V.T.
ação de pegar sem pedir.

ÚTERO. S.M.
bunker de óvulo.

V

VAGA-LUME. S.M.
o pisca-pisca da natureza.

VASSOURA. S.F.
a escova de dente do chão.

VEIA. S.F.
o táxi do sangue.

VELHICE. S.F.
ação de descolorir-se.

VERÃO. S.M.
as férias dos cachecóis.

VIBRADOR. S.M.
um pinto com Parkinson.

VISIONÁRIO. ADJ.
indivíduo com futuro na visão.

VITÓRIA. S.F.
um fracasso que não deu certo.

X

XADREZ. S.M.
lugar onde comer um cavalo não é considerado zoofilia.

XARÁ. S.F.M.
um eu diferente de mim.

XEROX. S.F.M.
o milagre da multiplicação do papel.

XÍCARA. S.F.
borboleta de uma asa só.

XINGAMENTO. S.M.
palavra que não tem culpa de ser boca-suja.

Z

ZEBRA. S.F.
animal com falha de impressão.

ZEN. ADJ. S.M.
indivíduo que, quando acaba o diazepam, não fica estressado.

ZUMBI. S.M.
canibal que, depois de morto, continua com fome.

PRECAUÇÕES

I

A sombra do guarda-chuva,
porque não abriu,
ficou molhada.

II

A sombra do famoso,
porque não queria ser reconhecida,
usava óculos escuros.

III

A sombra da cadeira,
porque cansou de ficar sentada,
levantou-se.

IV

A sombra da mala,
porque foi extraviada,
nunca chegou.

V

A sombra do suicida,
porque tinha medo de altura,
não se jogou pela janela.

VI

A sombra da estilista,
porque vivia pelada,
andava sempre na moda.

VII

A sombra de Darwin,
porque não tinha evoluído,
era um macaco.

VIII
A sombra do peixe,
porque não sabia nadar,
usava boia.

IX
A sombra do trabalhador,
porque foi demitida,
não o acompanhava no trabalho.

X
A sombra do copo,
porque pessimista,
era metade vazia.

XI
A sombra do cego,
porque tinha uma boa visão,
guiava o corpo.

XII
A sombra do gato,
porque não sabia miar,
latiu.

XIII
A sombra de Sansão,
porque era careca,
usava peruca.

XIV
A sombra da maçã,
porque não tinha amadurecido,
era verde.

XV
A sombra do morto,
porque não morreu,
ficou viúva de corpo.

XVI
A sombra da dúvida,
porque sabia todas as respostas,
deixou de existir.

XVII
A sombra do sonâmbulo,
porque estava cansada,
ficou na cama.

XVIII
A sombra da roupa,
porque foi lavada,
encolheu.

XIX
A sombra do solitário,
porque queria companhia,
roubava as sombras dos outros.

XX
A sombra do milionário,
porque era sua única companheira,
herdou toda a sua fortuna.

XXI
A sombra de Michael Jackson,
porque não tinha vitiligo,
continuou preta.

XXII
A sombra do passarinho,
porque tinha as asas cortadas,
não voou.

XXIII
A sombra da casa,
porque tinha mania de grandeza,
era um prédio.

XXIV
A sombra da noiva,
porque era lésbica,
não beijou o noivo.

XXV
A sombra da gestante,
porque tinha usado camisinha,
não engravidou.

XXVI
A sombra do carro,
porque se cansou,
ficou parada no meio da estrada.

XXVII
A sombra do bêbado,
porque se distraiu,
perdeu-se do corpo.

XXVIII
A sombra de Fernando Pessoa,
porque era uma multidão,
nunca se sentia sozinha.

XXIX
A sombra do ex-fumante,
porque continuou fumando,
brochou.

XXX
A sombra do mutante,
porque tinha preguiça de mudar,
vivia sendo trocada por outra.

XXXI
A sombra da mulher cis,
porque transicionou,
era um homem.

XXXII
A sombra do cachorro,
porque não era adestrada,
vivia presa na coleira.

XXXIII
A sombra do bebê,
porque era precoce,
já tinha crescido.

XXXIV
A sombra do turista,
porque perdeu a passagem,
não embarcou.

XXXV
A sombra da estátua,
porque não era imóvel,
perambulava pela cidade.

XXXVI
A sombra da beata,
porque era ateia,
não entrava na igreja.

XXXVII
A sombra de Picasso,
porque foi pintada a mão,
era colorida.

XXXVIII
A sombra do adiantado,
porque vivia atrasada,
chegava sempre depois.

XXXIX
A sombra da árvore,
porque vanguardista,
já era uma mesa.

XL
A sombra do ladrão,
porque não foi algemada,
fugiu.

XLI
A sombra do atropelado,
porque atravessou na faixa de pedestre,
continuou viva.

XLII
A sombra do poste,
porque detestava o sol,
vivia mudando de lugar.

XLIII
A sombra do mendigo,
porque tinha dó,
pedia esmola por ele.

XLIV
A sombra de Bolsonaro,
porque era de esquerda,
votou no Lula.

XLV
A sombra do tímido,
porque era fofoqueira,
espalhou todos seus segredos por aí.

XLVI
A sombra do gelo,
porque era esquentada,
derreteu.

XLVII
A sombra do magro,
porque era gorda demais,
não cabia no corpo.

XLVIII
A sombra da freira,
porque queria se casar,
procurou outro corpo para acompanhar.

XLIX
A sombra da idosa,
porque fez plástica,
rejuvenesceu.

L
A sombra do espelho,
porque se quebrou,
se multiplicou.

LI
A sombra do cantor,
porque era desafinada,
só dublava.

LII
A sombra do daltônico,
porque se pintou de vermelho,
ficou invisível.

LIII
A sombra de Marilyn Monroe,
porque estava de calça,
não teve a saia erguida.

LIV
A sombra da água,
porque estava frio,
congelou.

LV
A sombra do líder,
porque era teimosa,
se recusava a segui-lo.

LVI
A sombra do plural,
porque foi roubada,
ficou singular.

LVII
A sombra da puta,
porque era santa,
ajoelhou para rezar.

LVIII
A sombra do chato,
porque não aguentava mais,
pediu divórcio do corpo.

CONTRAINDICAÇÃO

PROCURA-SE fotógrafo que ensine a revelar segredos.

)))

CONTRATA-SE engenheiro civil que saiba arquitetar planos.

(((

OFEREÇO aulas de canto para não desafinar mais nas cantadas.

)))

PROCURA-SE professor de natação que não se afogue em assuntos profundos.

(((

CONTRATA-SE instrutor de autoescola especializado em dirigir a palavra.

)))

CONTRATA-SE confeiteiro experiente em bater bolo.

(((

PROCURA-SE engenheiro elétrico que ensine a dar à luz.

)))

OFEREÇO aulas de artesanato para aprender a fazer justiça com as próprias mãos.

(((

PROCURA-SE treinador de boxe que não apanhe da saudade.

)))

CONTRATA-SE jardineiro que saiba cortar o mal pela raiz.

(((

PROCURA-SE instrutor de defesa pessoal que ensine a lutar contra o câncer.

)))

PROCURA-SE atendente de *telemarketing* com experiência em ligar o foda-se.

(((

CONTRATA-SE ortopedista especializado em coluna de jornal.

)))

OFEREÇO aulas de piano para aprender a tocar a vida em frente.

(((

PROCURA-SE cabeleireiro experiente em desembaraçar nós da garganta.

)))

CONTRATA-SE obstetra especializado em parir ideias.

)))

PROCURA-SE professor de pintura que saiba pintar um clima.

(((

PROCURA-SE matador de aluguel com vasta experiência em matar o tempo.

)))

OFEREÇO aulas de corte e costura para não perder mais a linha.

(((

PROCURA-SE empregada que saiba arrumar encrencas.

)))

CONTRATA-SE advogado com rica experiência em soltar intestinos presos.

(((

PROCURA-SE *personal trainer* especializado em definir a sexualidade.

)))

CONTRATA-SE instrutor de futebol que ensine a chutar o balde.

(((

CONTRATA-SE assistência técnica especializada em consertar silêncios quebrados.

)))

CONTRATA-SE instrutor de *camping* que ensine a armar a barraca.

(((

OFEREÇO aulas de *surf* para não ser engolido pela onda de violência.

PRAZO DE VALIDADE

LUIGI & THEO (1984–2016)
Foram feitos um para o outro, mas morreram sem se conhecer.

VLADIMIR (1952–1989)
Não esperou a morte vir buscar. Foi sozinho.

LINEU (1960–1993)
Não era desses que voltavam atrás. Deu com o carro no muro de uma rua sem saída.

DULCINA (1978–2006)
Tentou engolir seu orgulho. Acabou morrendo engasgada.

ESTEVÃO (1958–1994)
Tinha a consciência tão pesada que, quando morreu, não conseguiu ir para o céu.

ALESSANDRO & JULIANA (1983–2015)
Prometeram se amar até que a morte os separasse. Para não quebrarem a promessa, mataram-se.

PETER (1988–2003)
Queria ter quinze anos para sempre. Matou-se às vésperas de completar dezesseis.

ZAYA (1936–1984)
Não sabia nadar. Morreu afogada num mar de gente.

RAVI (1984–2006)
Aproveitou que a janela do navegador estava aberta e se jogou.

LUCRÉCIA (1981–2013)
Era tão perfeccionista que passou a vida inteira reescrevendo sua carta de suicídio. Morreu sem se matar.

AGNES & EFRAIM (1985–2020)
Morreram de hipotermia. O amor havia esfriado.

MIRTES (1967–2001)
Chutou o pau da barraca, mas esqueceu de sair debaixo. Morreu soterrada.

NARCISO (1972–1996)
Caiu no lago e se afogou dentro de uma nuvem.

GREGOR (1915–1942)
Descobriu que tinha sangue de barata tarde demais. O inseticida já tinha surtido efeito.

RAY (1930–2004)
Não viu a morte chegar. Era cego.

HILDA (1990–1998)
Foi atingida por uma bala perdida enquanto brincava de amarelinha. Morreu sem chegar ao céu.

BENÍCIO (1969–2003)
Apertou o laço afetivo até virar nó. Morreu enforcado.

ALÍPIO (1987–2010)
Substituiu o coração por um HD para não morrer de amor. Acabou morrendo de vírus.

EDSON (1983–2002)
Vivia dizendo que camisinhas salvavam vidas. Foi morto com duas no bolso.

AKIRA (1985–2014)
Tropeçou na vírgula, bateu a cabeça no acento circunflexo e descansou para sempre sobre o ponto-final.

ANDRESSA (1973–1999)
Nem precisou se preocupar com os cuidados pós-operatórios. Morreu na mesa de cirurgia.

OZIAS (1985–2013)
Ficou *offline*. Os médicos tinham desligado seus aparelhos.

LÓRI (1938–1987)
Jogou-se do viaduto. Caiu bem no meio da realidade.

VILMA (1954–1983)
Morreu tão de repente que a alma nem teve tempo de fazer as malas.

ZYGMUNT (1979–2002)
Mergulhou de cabeça numa relação vazia. Acabou morrendo de traumatismo craniano.

DENILSON (1968–1990)
Queimou em febre durante a madrugada. Amanheceu em cinzas.

OTACÍLIO (1947–1987, 88, 89, 90, 91)
Era tão moderado que morreu em doses.

JUSTINO (1946–1988)
Teve um ataque cardíaco assim que soube que ganhou na loteria. Morreu rico, pelo menos.

ZAQUEU (1986–2009)
Segurou tanto o choro que acabou afogando em si mesmo.

MABEL (1980–1997)
Tinha preguiça de aprender a viver. Acabou morrendo por ignorância.

JORGE (1992–2021)
Entrou no céu pela janela. Caiu do sétimo andar.

LIZA (1962–1996)
Não via a hora de morrer para receber um buquê de flores do marido. Era romântica.

CACO (1913–1967)
Tinha uma vida inteira pela frente, mas deu as costas. Foi atropelado.

VERA (1970–1995)
Preparou-se para dar um salto mortal. E deu. O velório aconteceu na manhã seguinte.

PILAR (1942–1997)
Comprou uma briga. Teve que pagar com a própria vida.

JUVENAL (1945–1998)
Tinha mania de deixar tudo para amanhã. Morreu um dia depois que o coração parou.

DEISE (1982–1998)
Tinha câncer, mas morreu de fome.

VINÍCIUS (1995–1998)
Morreu antes mesmo de aprender o significado da palavra morte.

BRENO (1989–2008)
Tinha tanta vontade de morrer que, saindo do hospital, foi atropelado pela vida.

ABÍLIO (1987–1999)
Achava a vida um saco. Decidiu estourá-la.

ZION (1987–2019)
Só não foi para o céu depois que morreu porque tinha medo de altura.

KELLY & FÁBIO (1982–2016)
No início, tudo eram flores. No final, tudo foram coroas de flores.

RAPUNZEL (1790-1810)
Deixou as tranças e se jogou no lugar delas.

SORAIA (1981–1999)
Pegou um prego e um martelo e, cansada de viver, pregou os olhos.

YAGO (1973–1999)
Vivia dizendo que sua mulher era o ar que respirava, ninguém acreditou. Morreu de insuficiência respiratória assim que terminaram.

RICARDO (1956–1987)
Viveu o dia como se fosse o último. Foi morto na manhã seguinte.

EMÍLIO (1944–1992)
Matou a fome e, logo em seguida, se matou. Recusou-se a responder por homicídio.

CLEMENTINE (1980–2000)
Morreu duas vezes. Tinha vida dupla.

DANTE (1974–2020)
Pensou positivo depois que fez o teste de Covid. Estaria vivo, caso fosse pessimista.

JÚNIOR (1980–1986)
Foi comprar bala. Encontrou uma perdida no meio do caminho.

MURILO (1985–2011)
Morreu de poesia. Sua veia poética havia entupido.

SAID (1956–1996)
Estava certo de que sua missão era espalhar amor pela terra. Dinamitou o coração e cumpriu.

DIONE (1958–2004)
Queria muito mudar de vida, mas achou mais fácil mudar de mundo. Se matou.

CELESTE (1972–1994)
Trancou a porta, abriu o pulso e partiu.

MODO DE USAR

A palavra **pressa** passou tão rápido pela página que mal deu tempo de ler.

A palavra **música** fez as letras dançarem.

A palavra **terremoto** tremeu o texto inteiro.

A palavra **ladrão** roubou os pingos dos is do parágrafo.

A palavra **gato** perseguiu a palavra **rato** pela história toda.

A palavra **esquecimento** esqueceu o que fazia ali.

A palavra **sono** adormeceu as palavras todas.

A palavra **dieta** emagreceu tanto que nunca mais foi vista.

A palavra **espirro** deixou a frase inteira gripada.

A palavra **silêncio** emudeceu a página.

A palavra **grito** foi escrita tantas vezes seguidas que ficou rouca.

A palavra **cócegas** fez a frase inteira rir.

A palavra **vento** embaralhou todas as letras da página.

A palavra **espera** cansou-se e foi embora do livro.

A palavra **fantasma** deixou a frase inteira com medo.

A palavra **lepra** foi perdendo as letras até deixar de existir.

A palavra **sangue** manchou o capítulo todo.

A palavra **chuva** alagou a página inteira.

A palavra **passarinho** piou e saiu voando da frase.

A palavra **atropelamento** deixou a pontuação ferida.

A palavra **revólver** fez um buraco bem no meio do livro.

A palavra **bigorna** pesou a frase.

A palavra **suicida** morria toda vez que era escrita.

A palavra **mar** fez o texto inteiro boiar.

A palavra **fila** organizou as letras uma atrás da outra.

A palavra **outono** fez as folhas do livro caírem.

A palavra **forno** queimou a página inteira.

A palavra **sol** secou a palavra **chuva**.

A palavra **luz** apagou e todas as letras começaram a gritar.

A palavra **lágrima** escorreu pela nota de rodapé.

A palavra **cachorro** mordeu a canela da palavra ao lado.

A palavra **porta** abriu e as frases saíram todas correndo.

A palavra **grande** ocupou a página inteira.

A palavra **desastrado** derrubou todas as palavras da linha.

A palavra **semente** virou flor no final do livro.

A palavra **fugitivo** se escondeu entre as vírgulas.

A palavra **queda** não parava em pé e acabou caindo fora da página.

A palavra **pombo** fez cocô no meio do texto.

A palavra **fome** comeu o sumário.

A palavra **tesoura** cortou as demais palavras da frase.

A palavra **assassino** matou o autor a sangue frio.

A palavra **repelente** afastou as demais palavras da página.

A palavra **amor** quebrou a ponta do lápis.

*Esta é uma obra de ficção.
Qualquer semelhança com nomes, pessoas, fatos ou situações da vida real não é mera coincidência.*

FABRICADO POR

Edição *Renata Py*
Projeto gráfico *Flávia Castanheira*
Produção executiva *Bruna Lima*
Revisão *Ana Silva*
Foto do autor *Daiane Cangiani*

Dados Internacionais de Catalogação na Publicação (CIP)
(Câmara Brasileira do Livro, SP, Brasil)

Oriani, Marcelo
    Mantenha fora do alcance das crianças: um livro
    poeticamente incorreto / Marcelo Oriani
    1ª edição – São Paulo: Laranja Original, 2023
    (Coleção Poesia Cítrica v. 4)
ISBN 978-65-86042-90-0

1. Poesia brasileira I. Título. II. Série.

23-184345   CDD-B869.1

Índices para catálogo sistemático:
1. Poesia: Literatura brasileira B869.1
Cibele Maria Dias – Bibliotecária – CRB-8/9427

LARANJA ORIGINAL EDITORA E PRODUTORA EIRELI
Rua Isabel de Castela, 126 - Vila Madalena
05445-010 São Paulo SP
contato@laranjaoriginal.com.br